HOTEL DROUOT, SALLES Nᵒˢ 8 ET 9

VENTE

AUX ENCHÈRES PUBLIQUES

Le Lundi 29 Avril 1872

A DEUX HEURES ET DEMIE PRÉCISES

DE

TABLEAUX

DE PREMIER ORDRE

COMPOSANT

LA COLLECTION

EXPOSITIONS

PARTICULIÈRE	PUBLIQUE
Le Samedi 27 Avril 1872	Le Dimanche 28 Avril 1872

DE 2 HEURES A 5 HEURES

Mᵉ ESCRIBE	M. HARO, peintre-expert
COMMISSAIRE-PRISEUR	CHEVALIER DE LA LÉGION D'HONNEUR
6, rue de Hanovre, 6	14, rue Visconti et rue Bonaparte, 20

1872

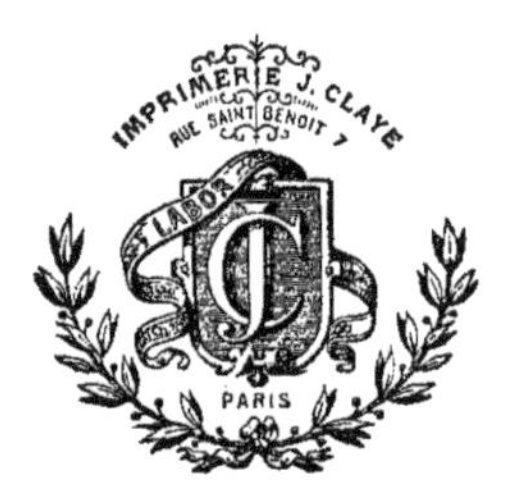

IMPRIMERIE J. CLAYE
RUE SAINT-BENOIT 7
PARIS

On a vendu hier, à l'hôtel Drouot, trente-trois tableaux, presque tous de l'école moderne, qui ont fait près de 400,000 fr.

L'Angélique attachée au rocher, par Ingres, a été vendue 70 000 fr; deux Courbet, l'un 17,000, l'autre 13,000 fr., à des étrangers ; un Corot, 6,000 fr. ; huit Eugène Delacroix, 40,000, 27,500, 27,400, 13,650, 17,000, 4,100, 9,100 et 1,900 fr.; un paysage de Diaz, 23,000 fr. ; deux Goya, 5,100 et 4,100 fr. ; le Clair de lune, par Millet, 20,000 fr. ; cinq Th. Rousseau, 20,000, 7,800, 4,000, 4,000 et 6,000 fr.; deux Prud'hon, 2,600 et 1,200 fr.; un Guardi 7,100 fr.; un Portrait de femme, par Rembrandt, 10,000 fr. ; un Téniers, 9,500 fr., etc., etc.

Plus de quatre mille amateurs assistaient à cette belle vente où tombait une pluie de billets de banque.

Dans une autre salle se faisait la vente des curiosités du chambellan du roi de Hollande ; là encore Mᵉ Pillet obtenait de très beaux prix.

CATALOGUE

DES

TABLEAUX ANCIENS

ET MODERNES

COMPOSANT LA COLLECTION C***

CONDITIONS DE LA VENTE

Elle sera faite au comptant.

Les acquéreurs payeront *cinq pour cent* en sus des adjudications.

CE CATALOGUE SE DISTRIBUE

A PARIS CHEZ

Me ESCRIBE	M. HARO
COMMISSAIRE-PRISEUR	PEINTRE-EXPERT
6, rue de Hanovre, 6	14, rue Visconti et rue Bonaparte, 20

CATALOGUE

DES

TABLEAUX

COMPOSANT

LA COLLECTION C***

DONT LA VENTE AURA LIEU

HOTEL DROUOT, SALLES N°s 8 ET 9

Le Lundi 29 Avril 1872

A 2 HEURES ET DEMIE PRÉCISES

EXPOSITIONS

PARTICULIÈRE	PUBLIQUE
Le Samedi 27 Avril 1872	Le Dimanche 28 Avril 1872

DE 2 HEURES A 5 HEURES

Me ESCRIBE	M. HARO, peintre-expert
COMMISSAIRE-PRISEUR	CHEVALIER DE LA LÉGION D'HONNEUR
6, rue de Hanovre, 6	14, rue Visconti et rue Bonaparte, 20

1872

NOTICE

SUR LA COLLECTION C***

Si l'on ne considérait que le nombre des tableaux qui figurent à cette vente, on serait tenté de la regarder comme peu importante, il ne s'élève qu'à trente-trois, une salle en est à peine remplie à moitié, mais jamais exposition publique n'aura plus vivement ému la curiosité. Pour faire cette collection on a écrémé les chefs-d'œuvre des cabinets les plus dédaigneux, trié les perles du plus bel orient, et choisi dans l'écrin même du maître le joyau caractéristique de son génie. Personne ne pourra se vanter d'avoir un Ingres, un Delacroix, un Corot, un Th. Rousseau, un Millet, et même un Courbet supérieur à ceux-là, fût-il prince, fût-il millionnaire, fût-il critique, ami du Titien comme l'Arétin.

La collection C. se distingue de toutes les autres par la perfection absolue des morceaux qu'elle renferme.

Beaucoup d'appelés et peu d'élus. On n'a reculé devant aucun sacrifice pour enlever le tableau souhaité, et la vente achevée on sera frappé de l'énorme somme produite : c'est que le caprice, ici, ne guidait pas le choix mais bien l'amour du beau, du rare, de l'exquis.

Ab Jove principium : commencons par Jupiter, c'est-à-dire par Ingres, non qu'il y ait des grades dans l'immortalité et que nous ne puissions commencer aussi bien par Delacroix, mais Ingres se rattache aux anciens dieux et à l'art antique; il est une sorte d'hiérophante qui a appris les mystères de Phidias et de Raphaël, et l'admiration qu'il inspire est toujours mélangée d'un peu de crainte. Delacroix, quoiqu'il soit allé à son tour retrouver les grands artistes qui se pressent aux pieds d'Homère, nous semble moins hautain, moins inaccessible, plus pénétrable aux courants de la vie, plus participant encore au drame humain; nous sommes respectueusement familiers avec lui, et nous lui faisons attendre son tour, sûr qu'il ne se fâchera pas.

Ingres, comme les artistes de la Renaissance, a eu au plus haut degré le sentiment de la beauté féminine à laquelle les peintres modernes, préoccupés du caractère, du drame et de la passion, sont moins accessibles. La plus belle forme de l'idéal a toujours été pour lui la femme, et avec quelle religion amoureuse en a-t-il poli le contour, avec quelle virginale pureté en a-t-il modelé les délicates proportions! La sculpture grecque dans ses marbres les plus achevés n'a rien fait supérieur à la grande *Odalisque*, à la *Vénus anadyomène*, à la *Source*, à l'*Angélique*, cette même Angélique que le maître souverain a isolée et séparée du Roger à l'armure d'or pour que le regard pût admirer sans distraction cette beauté suprême qui luit comme un ivoire de Phidias sur le bleu sombre de la mer. De cette adorable figure il a fait comme un médaillon pour fermer le bracelet de Vénus. Avoir l'*Angélique,* c'est posséder tous les charmants types de femme rêvés par Ingres fondus en une seule perle.

Un inestimable trésor, qui est à la fois un chef-d'œuvre que l'antiquité envierait aux temps modernes, et le souvenir d'un chef-d'œuvre à jamais disparu sous les mains sacriléges des incendiaires de la Commune, c'est l'*Apothéose de Napoléon,* copié à l'encre de Chine sous cette forme de camée qui semble sa forme naturelle, par Ingres lui-même, avec une fidélité magistrale. On eût dit que l'artiste, si confiant dans l'avenir, en était cette fois inquiet et prenait ses précautions contre lui en multipliant sa composition immortelle.

Ce désastre, un des plus grands qui aient épouvanté l'art, est en partie réparé par ce merveilleux dessin qui a fait un camée du plafond. Sa pensée et sa forme sont restées intactes, la couleur seule s'est évanouie comme une ombre légère.

Lorsque le cercle d'azur, de lumière et d'or qui couronnait la salle de l'Hôtel de ville où planait le char triomphal de l'Empereur s'effondra et croula dans le gouffre de flammes, les barbares secouant leurs torches poussèrent un hurlement sauvage ; ils crurent avoir tué un chef-d'œuvre, éteint une splendeur, supprimé une âme, substitué une laideur à une beauté. Quoi de

plus doux pour des natures basses, féroces et stupides,
pour des monstrueux calibans qui n'ont plus peur de
Prospère! Mais ils ne voyaient pas, en attisant le feu,
les étincelles rejaillir par tourbillons jusqu'au ciel em-
portant la pensée qu'ils espéraient avoir anéantie.

Quand nous allâmes visiter l'*Apothéose de Napoléon*
pour la première fois, après avoir longuement contemplé
l'œuvre admirable, nous terminions notre compte rendu
par ce vœu timide : « Pour lui assurer l'éternité rela-
tive dont l'homme dispose, nous voudrions voir cette
magnifique composition gravée sur une grande agate
comme l'*Apothéose d'Auguste* du trésor de la Sainte-
Chapelle. Le camée moderne ne craindrait pas la com-
paraison avec le camée antique. »

A côté du dessin d'Ingres le camée antique n'aurait
qu'à bien se tenir. Il lutterait à grand'peine contre ce
style, cette noblesse, cette simplicité et cette perfection.
Aucune roue de graveur en pierre fine ne vaut ce
crayon ou ce pinceau. Heureuse la collection qui, avec
l'*Angélique* a possédé, fût-ce un moment, ce camée à
l'encre de Chine plus précieux mille fois que s'il était
taillé dans l'agate, la sardoine ou l'onyx.

Un des plus célèbres, sinon le plus célèbre tableau
de chevalet d'Eugène Delacroix : « *Le Tasse dans la
prison des fous,* » tient avec l'*Angélique* la tête de
cette collection si remarquable. Le *Tasse* a appartenu à
Alexandre Dumas père et fils ; à Khalil-Bey qui, pour un
Turc auquel sa religion défendait les objets d'art comme
des idoles, s'y connaissait assez bien en tableaux.

Dans la prison des fous de Ferrare le poëte chevaleresque, galant et chrétien de la Jérusalem délivrée, le créateur de Renaud, l'Achille baptisé, de Tancrède, d'Herminie, de Clorinde, d'Armide et de tant d'autres types d'héroïsme, de grâce et de beauté, les genoux négligemment drapés d'une grossière couverture de laine, le coude appuyé au genou, la tête reposant sur la main, est tombé jusqu'au fond d'une de ces rêveries où la raison épouvantée se palpe et s'interroge pour savoir si elle ne tourne décidément pas à la folie. Le long du couloir de la prison ricanent, grimacent et glapissent les fous tournés vers le Tasse. Ils sentent confusément à travers leur délire bestial qu'une lueur de bon sens tremble encore dans cette cervelle lumineuse et, avec leur instinct malfaisant, ils voudraient l'éteindre. Cette clarté les offusque.

Quelle étrange figure que celle de l'aliéné à barbe rousse, à petits yeux gris, à nez en bec d'émouchet, à physionomie narquoise et scélérate, tête patibulaire qui ferait bien dans une cage de fer à la porte d'une ville, et qui certainement était bandit à la montagne avant d'être pensionnaire à l'Hôpital des lunatiques! Les bras derrière le dos, solidement piété, le corps projeté en avant, il a l'air de se lancer contre le poëte comme un chien hargneux.

Un autre passe avec un sourire idiot, ramassant ses loques autour de lui, traînant ses bas sur ses talons et formant un parfait contraste avec son camarade.

Plus loin, le gardien, les clefs à la ceinture, chasse à grands coups de fouet le troupeau imbécile, et le poëte rêve toujours.

1.

Jamais Delacroix n'a poussé plus loin le fini de l'exécution. C'est le tableau le plus achevé qui soit sorti de son pinceau; et cela sans rien faire perdre à la fougue de la touche, à la beauté de la couleur et à l'intensité de l'expression.

Mais la collection *C* est riche en Delacroix. Ils sont d'une importance et d'un choix qu'il est difficile de rencontrer ailleurs.

Nous avons d'abord le *Jésus dans la barque* un tableau fait pour inspirer la foi, tant le Christ dort d'un sommeil paisible sur l'oreiller de son auréole, au milieu de la tempête, parmi ses disciples effarés; et inspirer l'épouvante, car l'orage est admirablement rendu. Outre qu'il est grand peintre d'histoire même dans les petits tableaux, Delacroix est non moins grand peintre de marine.

Démosthènes et la mer rappellent, avec une grandeur épique, le début de l'Iliade, où l'on voit le prêtre d'Apollon, Chrysès marcher « près de la mer retentissante ». Pour s'exercer à parler au peuple cette mer, cet orage, Démosthènes., un caillou dans la bouche, s'adresse au tumulte des vagues, aux cris séditieux des vents et tâche de dominer la tempête de la voix et du geste. Quelle ampleur et quelle puissance dans cette figure unique, qui remplit le cadre comme une foule !

Ici la Grèce classique, là le Danemark romantique. Hamlet tue Polonius en le piquant de son épée derrière la tapisserie. Un rat ! tel est le cri shakespearien que pousse le prince danois, et l'oraison funèbre du père d'Ophelia et de Laerte n'est pas plus flatteuse : « Toi, misérable impudent, indiscret et imbécile, adieu! je t'ai pris pour plus grand que toi, subis ton sort! » La scène est peinte avec cette furie de mouvement et ce profond sentiment dramatique qui caractérisent Delacroix, le peintre ordinaire de Shakespeare.

L'espace qui s'abrége nous force à ne pas nous arrêter longtemps devant *Hercule et Antée,* la *Nymphe Égérie,* la *Panthère;* il suffit de les citer; mais nous attirerions l'attention, s'il en était besoin, sur les magnifiques fleurs peintes par Delacroix pour George Sand, avec la coquetterie qu'on y met entre poëtes. Aux chefs-d'œuvre d'Ingres et de Delacroix se joignent les chefs-d'œuvre de Théodore Rousseau, le dessus du panier de ses paysages : la *Mare,* la *Lisière de forêt,* la *Chaumière sous forêt,* les *Grès de Fontainebleau* et cette *Vue du mont Blanc* prise de l'autre rive du lac de Genève où l'artiste a essayé d'encadrer l'immensité dans une toile et y a réussi. Cette tentative est unique chez Th. Rousseau, qui se restreint d'ordinaire à des horizons plus bornés. Corot a là un de ses merveilleux paysages, tout baigné d'harmonies argentées, de fraîcheurs élyséennes, *Une Tempé* vue à travers Ville-d'Avray et qui semble appeler les bergers et les nymphes de Virgile. Il y a aussi un Millet magnifique, le plus beau Millet qui soit assurément, un pur chef-d'œuvre — pardon si ce mot revient si souvent sous notre plume, c'est la faute de la collection — *un Clair de lune* sur un parc de moutons, l'impression est grande, solennelle et jamais on n'a revêtu de plus de majesté une simple scène de la vie rustique. La *Grande Forêt* et *Sous bois* de Diaz avec des rayons de soleil et des feuilles pénétrées de lumière produisent un effet d'éblouissement comme si l'on avait ouvert devant vous un des puits de pierreries d'Aboul-Casiem. Le plus irréprochable tableau de Courbet *la Vague* s'est fait une place parmi les illustres, c'est aussi un maître à sa façon que le maître peintre d'Ornans. Vollon, qui vaut tous les peintres de nature morte, a suspendu à la muraille de ce cabinet une *pie* qu'on irait décrocher avec la main.

De même que des portraits de famille de l'autre siècle donnent bon air à un salon, quelques tableaux anciens font bien parmi les tableaux modernes, un portrait de femme de Rembrandt, une scène antique de Prudhon, une *Écurie de chevaux pie* de David Teniers, un *Combat de taureaux* de Goya, une nature morte de Chardin, le *Grand Canal* de Guardi montrent que l'amateur qui a réuni cette présente collection s'y connaît à la peinture de toutes les époques.

THÉOPHILE GAUTIER.

CATALOGUE

« *Il y a des galeries particulières qui ont l'importance de musées de passage,* » écrivait naguère un de nos critiques d'art des plus écoutés.

Elles révèlent les chefs-d'œuvre qui, sortis de l'ombre, n'apparaissent au public pendant quelques jours que pour y rentrer ; c'est à ce titre que nous allons parcourir la collection de M. C..., qui sera mise en vente le lundi 29 avril 1872, à 2 heures et demie précises.

Pourquoi faut-il que les vicissitudes de la fortune aient contraint le possesseur à se séparer de cette collection déjà célèbre, quoique de formation récente ? Chaque grand artiste y est représenté par une œuvre capitale.

Les amateurs aussi bien que les musées trouveront dans cette vente une occasion unique de s'enrichir de toiles consacrées par la renommée.

HARO.

Vente du 29 avril 1872.

Me Escribe, commissaire-priseur;
M. Haro, expert.

1 — Corot. Paysage. — 6,000 fr.

2 — Courbet. La falaise d'Étretat, après l'orage (Salon de 1870). — 13,000 fr.

3 — Le même. La mer orageuse. — 17,000 fr.

4 — Le même. Petite plage. — 1,650 fr.

5 — Delacroix (Eugène). Le Tasse dans la prison des fous (collection Khalil-Bey). — 40,000 fr.

6 — Le même. Jésus endormi dans la barque, sur le lac de Génézareth (collection Péreire). — 27,500 fr.

7 — Le même. Démosthènes et la mer. — 27,400 fr.

8 — Le même. Fleurs. — 13,650 fr.

9 — Le même. Hamlet et Polonius. — 17,000 francs.

10 — Le même. Numa Pompilius et la Nymphe Égérie (pendentif). — 4,100 fr.

11 — Le même. Panthère. — 9,100 fr.

12 — Le même. Hercule et Antée (esquisse pour une des peintures de l'Hôtel de Ville). — 2,000 fr.

13 — Diaz. Grande forêt. — 23,000 fr.

14 — Le même. Sous bois (le Pommier). — 1,400 fr.

15 — Goya y Lucientes. Les taureaux à l'Arroyo. — 5,100 fr.

16 — Le même. La mort d'un Picador. — 4,100 fr.

17 — Ingres. Angélique attachée au rocher (première pensée). — 70,000 fr.

18 — Le même. Apothéose de Napoléon Ier (dessin à l'encre de Chine). — 7,200 fr.

19 — Millet (J. F.) Clair de lune. — 20,000 fr.

20 — Prud'hon. Scène antique. — 2,600 fr.

21 — Le même. Mater Dolorosa. — 1,200 fr.

22 — Rousseau (Théodore). La mare. — 20,000 fr.

23 — Le même. Lisière de forêt. — 7,800 fr.

24 — Le même. Vue du Mont-Blanc. — 4,000 fr.

25 — Le même. Chaumière sous forêt. — 4,000 fr.

26 — Le même. Les grès de Fontainebleau. — 6,000 fr.

27 — Vollon. Pie morte. — 850 fr.

28 — Chardin. Nature morte. — 1,000 fr.

29 — Guardi. Le grand canal. — 7,100 fr.

30 — Huysmans. Chemin creux sous bois. — 1,250 fr.

31 — Rembrandt. Portrait de femme (collection Reiset). — 10,300 fr.

32 — Téniers (D.). Écurie, chevaux pie — 9,500 fr.

33 — École française. Coq et poule. — 2,100 francs.

Cette vente a produit 386,900 francs.

DÉSIGNATION

COROT

1. — Paysage.

Une Tempé vue à travers Ville-d'Avray.

T. — H., 0ᵐ,56 c.; l., 0ᵐ,74 c.

COURBET (Gᴜꜱᴛᴀᴠᴇ)

2. — La Falaise d'Étretat, après l'orage.

Œuvre capitale. — Salon de 1870.

T. — H., 1ᵐ,32 c.; l., 1ᵐ,62 c.

1..

COURBET (Gustave)

3. — La Mer orageuse.

Œuvre capitale. — Salon de 1870.

T. — H., 1^m,16 c.; l., 1^m,60 c.

COURBET (Gustave)

4. — Petite plage.

T. — H., 0^m,38 c.; l., 0^m,55 c.

DELACROIX (Eugène)

Né à Charenton en 1798, mort en 1863.

5. — Le Tasse dans la prison des fous.

Le Tasse dans la prison des fous est une toile toujours citée parmi les meilleures d'Eugène Delacroix, et rarement l'exécution de l'artiste a été plus fine et plus serrée. Assis à l'angle du tableau, le Tasse, vêtu de noir, un lambeau de couverture sur les genoux, appuie sa tête pâle sur sa main amaigrie ; il songe à l'ingratitude d'Alphonse, aux dédains d'Éléonore, à sa gloire engloutie peut-être dans le naufrage de sa disgrâce ; il se demande avec inquiétude si sa raison n'a pas sombré aussi sous ce vent de malheur et si c'est injustement qu'il est enfermé. Autour de lui s'agitent, excités par son immobilité même, les pensionnaires de la maison, avec ces gestes incohérents et détraqués, ces yeux hagards, ces rires idiots, ces allures presque animales d'un corps que ne commande plus le cerveau. L'un des fous, espèce de brigand à barbe rousse, à prunelles bleues papillotant dans une orbite osseuse, physionomie inquiétante où la férocité s'allie à la démence, secoue ses grands bras et ricane hideusement pour troubler la rêverie du poëte. Au fond s'enfuient confusément des fous et des folles à tournure de spectre, comme devant l'épouvante de leurs propres visions. Louer la couleur si chaude, si vivace et pourtant si sobre de cette magnifique peinture est chose superflue. Quant à l'expression du sujet, elle a ce génie du drame, cette poésie nerveuse et cette profondeur passionnée qui caractérisent le peintre de la *Barque du Dante,* du *Massacre de Scio* et du *Naufrage de don Juan.*

A appartenu à Alexandre Dumas. — Collection Khalil-Bey.

Gravé par Flameng.

DELACROIX (Eugène)

6. — Jésus endormi dans la barque sur le lac de Génésareth.

Collection Pereire.

T. — H., 0ᵐ,60 c.; l., 0ᵐ,73 c.

Ce n'est pas pour les esprits vulgaires et remplis d'un enthousiasme banal que sont faites ces belles choses; peu de gens les comprennent, peu d'esprits ont l'honneur de les aimer. L'homme affairé passe en courant et leur accorde à peine un coup d'œil; l'homme intelligent admire, contemple et rêve. Ainsi pour ce merveilleux Delacroix évoqué par la toute-puissance du génie, ami de la vérité superbe, et dédaigneux des séductions vulgaires, nous restons attristés autant que charmés en songeant que peut-être, avant peu, nous ne le verrons plus. Tel ce charmant tableau de Jésus endormi dans la barque pendant la tempête. Quoi de plus rare et de plus divin ! « Seigneur, sauvez-nous, nous périssons ! » et la réponse avec le doux sourire : « O gens de peu de foi !... » Nous avons vu cela dans Virgile au premier chant de l'*Énéide,* mais combien Notre-Seigneur est au-dessus du vieux Neptune avec son... *quos ego !* Ici, c'est Eugène Delacroix qui soulève hardiment la tempête ; l'océan est plein d'écume, le ciel plein de

nuages et le nuage plein d'éclairs; la barque est en
désordre; les voiles, déchirées par le vent, tombent
sur le mât brisé; Jésus, tête juvénile et radieuse,
est plongé dans un doux sommeil; c'est vraiment
le sommeil d'un Dieu.

JULES JANIN.

Le Jésus endormi pendant la tempête est classé
parmi les chefs-d'œuvre du maître. La barque roule
dans la volute d'une énorme vague, sous un ciel
noir que déchire la foudre; les apôtres en détresse se
pendent à la voile que fouette l'ouragan; tout est
angoisse, tumulte et panique à bord du fragile esquif.
Cependant le Christ, couché au fond du bateau,
dort la tête renversée dans les rayons son auréole,
comme dans une chevelure de lumière. Son sommeil
respire une sérénité sublime; la divinité veille dans
l'homme endormi. — Mais la mer domine et déborde
ce groupe religieux. Avec quel art le maître a rendu
son immensité en confondant le ciel et l'eau dès les
premiers plans, de façon à n'en faire qu'un seul
élément! quelle fureur et quelle pesanteur dans le
soulèvement de ces flots d'un vert sombre et glauque!
comme Rubens, comme Rembrandt, comme tous les
grands maîtres universels, Eugène Delacroix sur-
passe les spécialités dès qu'il aborde leurs genres.
Le *Jésus pendant la tempête* est peut-être la plus belle
marine de l'école moderne.

PAUL DE SAINT-VICTOR.

DELACROIX (Eugène)

7. — Démosthènes et la mer.

Pour s'exercer à parler au peuple, Démosthènes
s'adresse au tumulte des vagues et tâche de dominer
la tempête.

Collection de M. le chevalier de Knieff.

H., 0m,48 c.; l., 0m,60 c.

DELACROIX (Eugène)

8. — Fleurs.

Tableau peint pour George Sand.

OEuvre capitale.

T. — H., 0m,72 c.; l., 0m,92 c.

DELACROIX (Eugène)

9. — Hamlet et Polonius.

Hamlet devant le cadavre de Polonius, appuyé d'une main sur sa grande épée, soulevant de l'autre la tapisserie aux plis lourds ; il toise de haut en bas, avec une ironie sarcastique, le cadavre du gros chambellan. On l'entend prononcer son oraison funèbre : « Toi, misérable impudent, indiscret imbécile, adieu ! Je t'ai pris pour un plus grand que toi, subis ton sort. Tu sais maintenant que l'excès de zèle a son danger... Vraiment, ce conseiller est maintenant bien tranquille, bien discret, bien grave, lui qui, vivant, était un drôle si niais et si bavard !... » Le mort qu'il apostrophe ainsi semble justifier ses sarcasmes. Il gît bêtement, pour ainsi dire, sur le parquet de la chambre ; sa grosse personne s'y étale avec une massive pesanteur : « Procumbit humi bos. » — L'humour tragique qui caractérise la scène du poëte a passé dans la toile du peintre comme dans une vivante traduction.

PAUL DE SAINT-VICTOR.

T. — H., 0m,58 c.; l., 0m,48 c.

DELACROIX (Eugène)

10. — Numa Pompilius et la nymphe Égérie.

(Pendentif.)

T. — H., 0^m,24 c.; l., 0^m.28 c.

DELACROIX (Eugène)

11. — Panthère.

T. — H., 0^m,29 c.; l., 0^m,39 c.

DELACROIX (Eugène)

12. — Hercule et Antée.

Esquisse d'une des peintures de l'Hôtel de ville : les *Travaux d'Hercule*.

Toutes les peintures du salon d'Hercule ont été détruites par les incendies de la Commune.

T. — H., 0^m,26 c.; l., 0^m,47 c.

DIAZ

13. — Grande forêt.

T. — H., 0^m,84 c.; l., 1^m,05 c.

DIAZ

14. — Sous bois (le Pommier).

B. — H., 0^m,14 c.; l., 0^m,29 c.

GOYA Y LUCIÈNTES (Francisco)

15. — Les Taureaux à l'arroyo.

C'est la veille de quelque grande *Corrida*, à Madrid,
et toute la population est accourue pour apprécier
et étudier à l'avance les qualités des taureaux appe-

lés à combattre dans l'arène. Selon la coutume traditionnelle ceux-ci ont été parqués, sous la surveillance de vieux bœufs blancs, dans un petit vallon auprès de l'arroyo Abronigal.

Des cavaliers vêtus de rouge, gardes du roi Charles IV, et des *picadores* aux costumes chamarrés contiennent la foule et la maintiennent sur les collines qui ferment l'horizon. Superbe effet de soleil couchant.

Tableau peint sur lamelle de fer-blanc. — Gravé dans l'*Histoire d'un Peintre*.

(École espagnole.)

H., 0ᵐ,43 c.; l., 0ᵐ,32 c.

GOYA Y LUCIENTES (Francisco)

16. — La Mort d'un Picador.

Un taureau roux a fendu le ventre d'un cheval gris, à la tête expressive et fine, qui gît étendu dans la place.

Son cavalier, un picador, la cuisse transpercée, est lui-même resté suspendu sur la tête du furieux animal.

L'homme paraît mort, le corps pend, ployé en deux. Chulos, banderilleros, picadores, tous accourent et s'efforcent de dégager leur infortuné camarade. Au fond s'élèvent les gradins et les loges de la place des taureaux de Madrid, tout remplis de spectateurs vêtus du piquant costume espagnol du xviiie siècle.

Peint sur lamelle de fer-blanc.

Gravé dans l'*Histoire des Peintres*. (École espagnole.)

(P. Lefort.)

H., 0m,43 c.; l., 0m,31 c.

INGRES

17. — Angélique attachée au rocher.

Première pensée du maître, signée, à droite, sur le rocher: J. Ingres.

Toile ovale. — H., 1m; l., 0m,75 c.

Angélique avait été enchaînée le matin sur un rocher stérile, dans l'île des Pleurs; c'est ainsi qu'on nommait cette île habitée par une nation barbare, qui courait en armes sur différents rivages, pour enlever les plus belles femmes, et, par une coutume exécrable, en faire ensuite la pâture d'un monstre. — Ce peuple cruel, impitoyable, avait exposé sur le rivage cette beauté divine tout aussi nue que la nature l'avait formée; elle n'avait pas un seul voile qui pût couvrir ces roses et ces lis, qui résistent également et à l'ardeur des étés et à la rigueur des hivers, et qui sont répandus sur toute sa peau douce et polie.

Roger eût pu la prendre pour une vraie statue d'albâtre, ou du marbre le plus précieux, attachée sur ce roc par la main d'un habile sculpteur, s'il n'eût pas aperçu distinctement ses larmes couler sur les lis et les roses de ses joues, tomber ensuite en rosée, et le zéphir agiter sa blonde chevelure.

Vous qui ne méritiez ni cette indignité, ni aucun traitement semblable, quel est le cruel, qui, dans sa barbare fureur, a pu meurtrir de ces infâmes liens l'ivoire de vos belles mains?

A ce discours, Angélique devint comme un ivoire très-blanc, teint d'un léger vermillon...; elle se serait couvert le visage de ses deux mains, si elles n'eussent été attachées au rocher.

(L'ARIOSTE.)

INGRES

18. — Apothéose de Napoléon Ier.

Dessin à l'encre de Chine, forme de camée.

Composition du fameux plafond de l'Hôtel de ville qui a été détruit par les incendiaires de la Commune.

Signé à gauche Ingres et daté.

T. — H., 1^m ; l., 0^m,80 c.

MILLET (J.-F.)

19. — Clair de lune.

Le parc de moutons.
Œuvre capitale par le mérite de l'exécution et le rendu poétique de la nature.
Signé à droite, en bas : J.-F. Millet.

B. — H., 0ᵐ,46 c.; l., 0ᵐ,64 c.

PRUD'HON

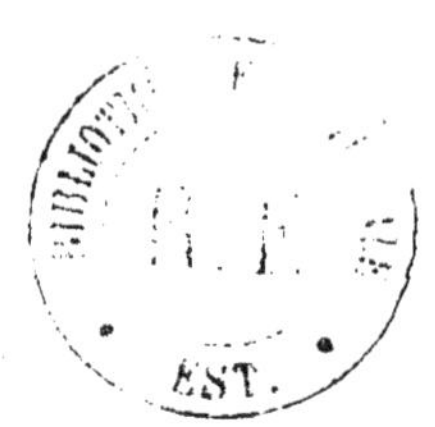

20. — Scène antique.

T. — H., 0ᵐ,17 c.; l., 0ᵐ,24 c.

PRUD'HON

21. — Mater dolorosa.

T. — H., 0ᵐ,55 c.; l., 0ᵐ,46 c.

ROUSSEAU (Th.)

22 — La Mare.

Tableau important du maître.

B. — H., 0m,31 c. ; l., 0m,53 c.

ROUSSEAU (Th.)

23. — Lisière de forêt.

B. — H., 0m,34 c.; l., 0m,49 c.

ROUSSEAU (Th.)

24. — Vue du mont Blanc.

T. — H., 1m,44 c.; l., 2m,40 c.

ROUSSEAU (Th.)

25. — Chaumière sous forêt.

T. — H., 0^m,30 c ; l., 0^m,25 c.

ROUSSEAU (Th.)

26. — Les Grès de Fontainebleau.

B. — H., 0^m,17 c.; l., 0^m,24 c.

VOLLON

27. — Pie morte.

T. — H.. 0^m,62 c.; l., 0^m,45 c.

TABLEAUX ANCIENS

CHARDIN

28. — Nature morte.

T. — H., 0^m,80 c.; l., 1^m,02 c.

GUARDI

29. — Le Grand Canal.

T. — H., 0^m,44 c.; l., 0^m,57 c.

HUYSMANS (Cornélis)

30. — Chemin creux sous bois.

T. — H., 0^m,28 c.; l., 0^m,34 c.

REMBRANDT

31. — Portrait de femme.

Provient de la collection Reiset.

T. — H., 0^m,70 c.; l., 0^m,55 c.

TÉNIERS (D.)

32. — Écurie; chevaux pie.

A droite, un cheval pie, vu presque de face et atta-
ché à un poteau par un bridon rouge. A gauche, un
autre cheval pie, que brosse un palefrenier; près de

lui, à la porte cintrée de l'écurie, un **gentilhomme** debout, et ressemblant à Téniers **lui-même**, regarde. En avant, par terre, une **selle en** velours rouge et une selle en velours **vert, une** botte de paille et des brides.

Galerie **Salamanca**. Collection Khalil-Bey.

B. — H., 0m,55 c.; l., 0m,45 c.

ÉCOLE FRANÇAISE

33. — Coq et Poule.

T. — H., 0m,47 c.; l., 0m,47 c.

PARIS. — J. CLAYE, IMPRIMEUR, 7, RUE SAINT-BENOIT. — [665]